John Henry Mackay

Sturm

John Henry Mackay

Sturm

ISBN/EAN: 9783743479975

Hergestellt in Europa, USA, Kanada, Australien, Japan

Cover: Foto ©ninafisch / pixelio.de

Weitere Bücher finden Sie auf **www.hansebooks.com**

Sturm.

Zürich 1888.
Verlags-Magazin.
(J. Schabelitz.)

So wirf, meine Fackel, zum ersten Mal
Nun dein Licht in die Nacht unserer Tage!
Meine Hand ist stark! Leuchte, loh' auf!
Flamme! Zum Himmel schlage!!

Du streust deine Funken auf eine Welt
Und kein Mund vermag dich zu nennen...
Wo die Kleinheit sich spreizt und die Größe verkommt,
Dort sollst, meine Fackel, du brennen!

Wo die Schuld sich freut, wo der Wahn sich dehnt,
Wo die Lüge regiert, wo das Unrecht nistet,
Wo Pflicht pharisäisch das Leben zermalmt,
Wo Härte als Tugend und Recht sich brüstet,

Dort wirf, meine Fackel, dein zündendes Licht
In die Herzen, sie schauernd zu schütteln!
Doch auf Stirnen des Grames wirf wärmendes Licht,
Sie auf aus dem Zweifel zu rütteln!

Ja! — so lange die Hand, die dich faßte und hält,
So lange die Hand nicht vermodert,
So lange sollen die Lügenden sehn,
Wie dein Licht ihre Lüge durchlodert!

Im Dezember 1887.

> I know
> That Virtue owns a more eternal foe
> Than Force or Fraud: old Custom, Legal Crime,
> And bloody Faith, the foulest birth of Time.
>
> PERCY BYSSHE SHELLEY

Ihr könnt das Wort verbieten —
                Ihr tötet nicht den Geist,
Der über Eurer Lüge,
                Ein kühner Adler, kreist!
Ihr könnt das Wort verbieten,
                Doch rollen wird sein Schall
Hin über Eure Häupter
                In dumpfem Widerhall!
So lange wird es rufen
                Zur That die schlaffe Zeit,
Wie nach der trägen Mutter
                Das Kind verlangend schreit,
Bis auf den höchsten Höhen,
                Bis in dem tiefsten Schacht
Der Mensch zum letzten Kampfe
                Sich aufrafft und erwacht.
Hei, wie die Steine fallen
                Von Eurer festen Burg!

Durch die gestürzten Mauern
        Glänzt schon das Frühlicht durch!
Und wenn auch mancher sterbend
        An Eurer Lüge sinkt,
Sich auf den leeren Posten
        Ein neuer Kämpfer schwingt!
Ihr mögt sein Wort verbieten!
        Ich sehe seinen Geist,
Wie er, ein kühner Adler,
        Ob Eurer Schande kreist!
Dann steigt auf toten Trümmern
        Die neue Zeit empor,
Und allen leiht sie freundlich
        Ihr immer offenes Ohr!
Dann werden die Tage kommen,
        Wo nicht mehr fort und fort
Das Wort der bangen Sehnsucht
        Auf durstigen Lippen dorrt.
Wo Keiner Frevel nennen
        Die kühne Wahrheit darf,
Wenn sie den Fluch der Lüge
        Beleuchtet grell und scharf!
Dann sind wir endlich Sieger!
        Und Euch, Euch bleibt die Schmach,
Die auf dem Weg der Freiheit,
        Ein trüber Schatten, lag! —

Noch ist in Euren Händen
        Die rohe, dumpfe Macht,
Die jedes freien Wortes
        In Hochmuthsdünkel lacht!
Noch könnt Ihr es verbieten:
        Das Wort — doch schon sein Geist
Hoch über Eurer Lüge,
        Ein freier Adler, kreist!

Weltanschauung.

Eine neue Zeit wird kommen, anders geartet, als jene, welche war. Sie wird alle jene Begriffe, wie: Patriotismus, Rationalität, Staat, Gesetze, Autorität, Religion ꝛc. aus dem Bewußtsein der Menschen streichen, und an deren Stelle setzen: Menschenliebe, Weltbürgerthum, Allgemeinheit, Gleichheit, Unabhängigkeit.

Und ein neues Wort wird hinzutreten, welches wir noch nicht kennen: Freiheit!

Denn das Ewig-Menschliche beginnt zu siegen über alles Ererbte. —

In dieser Ueberzeugung habe ich in diesem Abschnitte mit der Aufzeichnung der Grundzüge einer Weltanschauung begonnen, welche nur das eine Ziel kennt: natürlich und menschlich zu sein.

Die Dichtung der Zukunft.

1.

Kein Kind, das in muthwilligem Vergnügen
   Sich Blüthen von dem Baum des Lebens nascht —
Weltfern, am Waldesrand, in Selbstvergnügen
   Nach eines holden Traumes Falter hascht

Kein Weib, das um die Lüge unserer Tage
   Den Schleier stillzufriedenen Wahnes schlägt —
Und unser Herz, vorüber jeder Frage,
   Zu einem Parabies des Friedens trägt —

Und keine Greisin, die mit müdem Blicke
   Auf das von ihr Erreichte muthlos schaut
Und still entsagt, sich selber dem „Geschicke"
   Hingebend, weil sie sich nicht mehr vertraut —

Nein, ein andere ist unserer Zeit
Verstoßene Göttin Dichtung! — Neue Bahnen,
Zu Zielen führen, welche wir nur ahnen,
Beschreitet sie in hoher Herrlichkeit!

2.

So wird die Dichtkunst unserer Zukunft sein:
Die Wahrheit wird sie ihre Göttin nennen.
In ihrem heißen, sonnenklaren Schein
Wird Tand und Wahn aufflackern und zerbrennen.

Wie dürres Holz aufraucht und sprühend knistert,
So fallen alle frommen, holden Lügen,
Dem glaubensseligen Menschen eingeflüstert,
Und aufwärts steigt in himmelkühnen Flügen

Der Adler Freiheit! — und vor seinem Flug
Rauscht auf die Luft; bei seiner Flügel Schlagen
Zerstäubt der Rauch — und in der Dichtung Buch
— Schau' her! — ein neues Wort wird eingetragen!

3.

Sie wird die Blutthat immer Blutthat nennen.
Sie wird die Herrscher von den Thronen geißeln.
Sie wird den Mörder nicht zum Helden brennen,
Und seinen „Ruhm' nicht mehr in Worte meißeln.

Sie wird die Könige nicht mehr besingen.
Sie wird ihr Lied dem Aller-Aermsten weihn.
Sie wird nicht Rosen um die Schwerter schlingen.
Nein, sie wird auf in wildem Schmerze schrein!

Und die Gerechtigkeit wird zögernd kommen,
Warmleuchtend gießt sich über uns ihr Schein:
Wir werden keine „Reinen" mehr und „Frommen",
Wir werden endlich einzig M e n s c h e n sein!

Poesie.

Hebt hoch des Urtheils Waage, und beschwert
　Die eine Seite mit der Wucht der Fracht,
Die der Verstand, der grübelnde, bescheert,
　Und in der Form der Dichtung dargebracht —

Legt auf die andere dann die leichten Blüthen
　Der Poesie, den kleinen, duftigen Strauß,
Der unverwelkt nach blinder Zeiten Wüthen
　Mit Duft füllt unsers Lebens enges Haus —

Laßt dann die Hand! die Waagen werden steigen
　Und fallen erst, bis eine höher schwankt,
Und deinem Sinn wird sich die Wurzel zeigen,
　Aus der das Glück der Menschheit langsam rankt.

Kampfweise.

Der kleine Geist läßt sich in Händel ein.
 Der große kennt den Kampf nur um die Sache.
Und weithin flammt sein Wort wie Wetter=Schein,
 Daß es zur That die Schwächlichen entfache.

Laß sie doch unten laut vorbei dir treiben
 Mit hohlen Phrasen und mit rohem Spott.
Du wirst, der stets du warst, auch immer bleiben:
 Vornehm und frei — ihr Gott ist nicht dein Gott!

Das fernste Land der Wünsche — kühn betritt es,
 Selbst wenn kein Andrer noch den Pfad betrat.
Wie werden mühlos einst und leichten Schrittes
 Die Enkel ernten unsere herbe Saat!...

Vorkämpfer.

Und als die Ersten sind wir auserlesen,
Die ersten Blöcke aus dem Weg zu räumen.
Darum hinweg mit schwächlich=feigen Träumen.
Sie schwinden — und wir fühlen uns genesen!

Warum denn noch mit Winseln und mit Jammern
Uns an die Brust der müden Mutter klammern?
Warum nicht frisch und stark auf eigenen Wegen
Dem Ziel, das unsere Zeit uns stellt, entgegen?

Das ist das Wahre: seiner Zeit zu dienen
Und dennoch sie beherrschen! — Klaren Blickes
In Zukunft schaun mit eisenharten Mienen
Und schnell mit kühner Hand in des Geschickes

Verworrene Fäden greifen, ehe sich
Zum unlösbaren Knoten unser Leben
Verschlingen kann — wer rückwärts feige wich,
Der klage nicht — der hat sich selbst ergeben!

Grenzen!

Sie ziehen Grenzen, Grenzen überall,
    Und schachteln alles ein: jedwedes Leben,
Gefühle und Ideen, der Worte Schall,
    Die Thaten, — ja das ungeborene Streben!

Des Einzelnen Geburt, Leben und Tod,
    Und die Gesammtheit theilen sie und theilen.
O welchen, welchen Tages Morgenroth
    Wird uns vom Fluche dieser Krämer heilen?!

Und nirgendwo sind Grenzen! — grenzenlos
    Was uns umgiebt, die wir uns Menschheit nennen!
Wir möchten uns umfassen, stark und groß,
    Allein sie — scheiden, richten, mäkeln, trennen! — —

Schrankenlosigkeit.

Doch bist Du frei, dann sei es schrankenlos
Und nirgends, nirgends, nirgends sind mehr Grenzen!
Dann wird dein Denken klar und wahrhaft groß,
Der Welt gehören deines Geistes Glänzen!

Und lebe, wie du denkst! — Nicht aus Systemen
Wirst deines Lebens Bau du auferbauen.
Das Herz wird immerdar das Wort beschämen —
So laß hinfort uns keinem Wort mehr trauen!

Nirgends sind Grenzen! — nur die Zeit umstellte
Uns alle mit den künstlich-hohen Schranken,
Doch sie sind morsch! — und unsere Zeit, sie fällte
Die ersten Stützen. — Leuchtende Gedanken,

Sie stiegen auf, gleich Sternen, aus der Nacht,
In der in Irrniß wir versunken lagen —
Sie werden uns als Sieger nach der Schlacht
Zu neuen, nur geahnten Ufern tragen!

Heimath.

Ihr klammert Euch in kleinlichen Gedanken
  An jenes Land, wo Zufall Euch gebar,
Und fühlt Euch wohl in seinen engen Schranken.
  Ob menschlich jemals solche Liebe war?

Heil Euch! — so mögt ihr dort Euch auch begraben,
  Genügsam und zufrieden, klein und klug!
Doch jene, welche Blut im Herzen haben,
  Sie fühlen solche Grenzen nur als Fluch!

Sie lieben auch die Heimath, doch sie breiten
  Nach außen kräftig ihre Arme aus,
Und wenn sie heimwärts dann die Schritte leiten
  Wird ihnen zum Gefängniß nicht ihr Haus!

Vaterland.

Nicht, wo der Zufall einst die Grenze zog,
Soll meine Liebe sterben und erstehen!
Ich will von freier Warte, weit und hoch,
Die Länder dieser Erde übersehen.

Und wo die Freiheit wohnt, dort will ich leben,
Und wo die Menschen wirklich Menschen sind,
Dort will ich wirken. Aber nimmer kleben
An einer Scholle, ein unmündig Kind,

Ein ganzes Leben. Und wenn immer frecher
Europa ihre freien Söhne bannt,
Dann rufe kühn: „Ich bin der Freiheit Sprecher,
Und gern vermisse ich mein ‚Vaterland'!"

Weltbürgerthum.

Ja, größer ist das Herz, der Geist ist freier,
 Der Sinn ist edler, und das Wort wiegt schwerer,
Das rings in aller Kleinheit roher Feier
 Dasteht, der höchsten Freiheit kühner Lehrer!

Liebe die Erde! liebe nicht ein Land,
 Weil dir ein Zufall dort die Pfade wies.
Ein Land ist niemals frei. Küßst du die Hand,
 Die dich in Fesseln zwang? in Knechtschaft stieß?

Brich diese Ketten, die Beschränktheit schürzte.
 Ein Frevler, der da sprach: dies Land ist mein!
Fluch ihm, der dir und mir das Recht verkürzte,
 Menschen und Bürger dieser Welt zu sein!

Staat.

Der Staat — er falle! — ob er Monarchie,
Ob Republik, ob sozial sich nenne,
Denn nie kann es geschehn, — nie, sag' ich, nie —
Daß je im Staat der Freiheit Fackel brenne.

Der Staat ist Zwang. Er kennt nur Herrn und Knechte.
Wir aber wollen keins von Beiden sein.
Wir wollen uns're heiligen Menschenrechte,
Um sie zu beuteln, keinem zweiten leihn.

Erst wenn sein Joch von unserm Nacken nahm
Die Hand der Freiheit, athmen alle, alle!
So lange aber dieser Tag nicht kam,
Ertöne unser Ruf: „Der Staat — er falle!"

Partei.

Partei ist heute Alles! — Jeder nimmt
　Sich seinen Stand in einer; jeder stimmt
Der eigenen Wünsche unberührte Saiten
　Nach ihrem Klang; ob innerlich auch streiten

Gedanken und Gefühle scharf dagegen:
　Er ist ein Glied der Kette, darf nur regen
Sich innerhalb der streng gezogenen Grenzen
　Und alles Licht, er sieht's wie Schatten glänzen

Durch die papiernen Wände der Partei!
　— Wo aber ist der Mensch, der kühn und frei,
Einzig allein die eigenen Wege geht?
　Stark jedem fremden Einfluß widersteht?

Und der sein Denken, wie sein Wünschen nicht
　Den Wünschen And'rer schwächlich unterstellt?
Der Licht nur will, und nichts als hellstes Licht,
　Zu klären seines Daseins ganze Welt?!

Als Bruder kennt er nur den Freien an,
　Und reicht ihm gern zu gleichem Kampf die Hand,
Und drückt sie fest — doch niemals darf und kann
　Zur Fessel werden dieses freie Band! —

Herren und Knechte.

Ein Hund ist der, der einen Herren kennt!
Doch wir sind Herren nicht und sind nicht Knechte!
Schamlose Frechheit wagt es noch und nennt
Knecht einen andern, dem die gleichen Rechte

Wie ihm gelegt einst in des Lebens Wiege!
— Ein jeder sehe, ob er gehen kann,
Doch keiner sei so hündisch, daß er biege
Sein Knie in Furcht vor einem andern Mann.

Gleich hoch sei jede Menschenstirn gehoben!
Ob sie nun arm sei, oder schätzereich.
Du gabst der Gaben nicht — wozu sie loben?
Auch in des Geistes Reich sei jeder gleich!

Gesetze.

Ihr seid die Diebe, die Ihr ohn' Erbarmen
   Dem Unbeschützten stehlt sein heilig Recht!
Ihr seid die Elenden, die Ihr dem Armen
   Sein letztes Brot zu nehmen Euch erfrecht!

Und Ihr seid Mörder, denn Ihr mordet ihn,
   Der nicht, wie Ihr, in Glanz und Glück geboren,
Dem nicht, wie Euch, die rohe Macht verliehn!
   Sprecht: wer hat Euch zu Richtern je erkoren?!

Ihr wart es selbst! Um Euer selbstisch Leben,
   Das bluterkaufte, länger noch zu retten
Habt mit Gesetzen Ihr Euch dicht umgeben!
   Gewalt heißt Euer Recht, und Kerker-Ketten!

Recht spreche jedem einzig sein Gewissen,
   Und wo es schweigt, ist nicht das Urtheil dein! —
Wenn der Gesetze letztes Blatt zerrissen,
   Wird ausgelöscht die letzte Sünde sein!

Atheismus.

Vielleicht, wenn einst die müden Augen brechen,
Wenn niedersinkt des Todes finstre Nacht,
Daß ein Gebet dann meine Lippen sprechen,
Das nie im Leben der Verstand gedacht.

Vielleicht, daß ich mit einer Lüge scheide
Von einem Sein, das Wahrheit nur gekannt,
Wenn ich des Lebens letzte Schmerzen leide
In Angst und Nacht und Irrsinn festgebannt.

Dann unterlag mein Geist; dann brach mein Wille;
Dann floh Vernunft! — doch wenn ich es vermag,
Dann künde noch der letzte Schrei, der schrille,
Dann künde noch des Herzens letzter Schlag:

„Ich glaubte nie an einen Gott da droben,
„Den Lügner oder Thoren nur uns geben,
„Ich sterbe — und ich wüßte nichts zu loben —
„Vielleicht nur Eins: daß wir nur einmal leben!"

Freie Liebe.

Frei sei die Liebe! — keine Kette binde
  Die Hände, die der freie Wille fügt!
Vielleicht, daß einst das Auge dir, das blinde,
  Die Wahl des ersten, heißen Fühlens rügt.

Dann sollst du frei sein! — kommen soll und gehen
  Der Mann zum Weibe, und das Weib zum Mann,
So frei wie droben frei die Winde wehen!
  Frei sei die Liebe! — wahrlich dann erst, dann:

Dürft Ihr von Liebe sprechen, Sittenwächter,
  Die Ihr uns unser Liebesglück nicht gönnt,
Und — echter Lebenslust arme Verächter —
  Zu tadeln wagt, was nicht verstehn Ihr könnt.

Hinweg mit Euch! — gezählt sind Eure Tage.
  Natur, die starke, ist in uns erwacht
Und sie zermalmt mit einem Flügelschlage
  Gesetze, Sitten, Euch und Eure Macht!

Moralisten.

Ich weiß nicht, wen ich heißer, als sie hasse:
Die Moralisten! diese Heuchlersippe!
Sie sind wie Wachs, wo ich sie auch erfasse,
Und lachend spotten sie der schärfsten Klippe.

Wo die Natur schreit, seht Ihr sie beschwichtigen!
Wo Wahrheit redet, lächeln sie voll Hohn!
Sie haben überall aus Worten, nichtigen,
Aus halben Lügen sich erbaut den Thron.

Wo wir sie endlich ganz zu fällen trachten,
Und mit Verachtung sie zu treffen wähnen,
Da stehn sie lächelnd: „Wie? wer kann verachten
Uns, welche alle ‚Guten‘ doch umlehnen?"

O diese Selbstbewußten! wann kehrt endlich
Die eigene Lüge gegen jene sich,
Und klafft — für alle plötzlich ganz verständlich —
Aus Tagen auf, von denen Wahrheit wich?! —

Gegenwart und Zukunft.

Die Weiten liebe! — keine sei dir weit,
Und keine frei genug, wo du magst gehen!
Doch rückwärts schaue nie! — der toten Zeit
Mußt dann du in die toten Augen sehen;

Wirst tausend Arme fühlen dich umklammern;
Und tausend Laute hören, die dich hemmen,
Und du bist stark genug nicht, diesem Jammern
Entgegen dich, entgegen dich zu stemmen!

Der weiteste Gedanke sei der deine!
Greif' ihn bei seinem Fittich, lichtbesäumt!
Dort schweife, in dem tagesklaren Scheine,
Wo kein Gefühl mehr von Gewesenem träumt!

Mehr kannst du nicht! und sollst du sterbend sehen,
Daß Hochgedanken, freier als die deinen,
Die Welt mit neuem Flügelschlag durchwehen —
Du mußt in Wahn zu sterben nicht vermeinen!

Du warst so frei, wie dir es möglich war …
Sind freier noch, die nach dir kommen, dann
— Auf! preise neidlos glücklich ihre Schaar!
Du siehst: es fällt die Welt aus ihrem Bann.

Du kämpfteſt gegen einen Gott noch — jene
Sie leben zweifellos in Wahrheit ſchon!
Du ſpannteſt gegen Herrſcher deine Sehne —
Sie wiſſen nicht mehr, was das iſt: ein Thron!

Du kämpfteſt gegen Staat, gegen Geſetze —
Sie leben frei, und wiſſen nicht mehr, daß
Wir ihnen ſtark erkämpft der Freiheit Schätze,
Denn fremd ward ihnen unſer heißer Haß!

Wir in der Gährung — jene in der Klarheit!
Wir noch im Streit — und ſchon im Frieden ſie!
Wir noch die Sucher — Träger ſie der Wahrheit!
Und ſie im Glück, das uns — gelächelt nie!

Hinter dem Tode.

„Den Flammen sollt Ihr meinen Körper geben,
Sobald der letzte Athemzug gethan,
Denn Tod ist Ende! — daß ein zweites Leben
Entsprieße ihm, ist eitler Thorenwahn!"

— So war dein letztes Wort, du großer Denker.
Sie aber thaten nicht, wie du begehrt,
Die einst im Leben deines Geistes Henker,
Verlachten, was dein letztes Wort gelehrt.

Sie scharrten abseits dich der Kirchhofgrenzen,
Um dich zu schänden. Doch sie ehrten dich
Weit höher so, als mit erlogenen Kränzen:
Dein Leben und dein Tod — sie glichen sich.

Im Leben einsam, fernab ihren Schaaren;
Dein „Ich" behauptend in der feilen Welt —
Im Tod selbst allen fern, die feind dir waren,
Von keinem Kreuz der Lüge mehr umstellt —

Das war, was du gewollt! — wenn auch mit Beten
Kein Weinender zu deinem Grabe wallt,
So wird doch einst erschauernd zu ihm treten,
Jenes Geschlecht, dem all' dein Denken galt.

Freiheit.

1.

Sagt nicht, daß frei wir sind! — Noch wird das Wort,
 Das wie ein Hauch die dumpfen Zelte lüftet,
In die sie sich verkriechen fort und fort,
 Noch wird es unterdrückt! — und wie zerklüftet

Auch unser Fühlen, unser Denken sei:
 Die bange Seele muß den Athem halten,
Und darf hinaus nicht rufen, stark und frei,
 Was sie bedrängt! — Wie vor dem Schnee, dem kalten,

Der Frühling schaudert, schweigt ihr Wünschen sie
 Und sucht es ängstlich, ängstlich zu verbergen...
Das ist nicht Freiheit! Täuscht Euch nicht! Noch nie
 Sahn wir befreit uns von der Knechtschaft Schergen!

2.

Sagt nicht, daß frei wir sind! Als Frevel noch
 Gilt jedes Wort den blinden, feigen Schaaren,
Das kühn zu sprengen sucht das Eisenjoch,
 Das auf uns liegt seit so viel trüben Jahren.

Sie spritzen ihre Schmach auf uns, um dann
Mit frechem Finger auf uns hinzuzeigen:
„Seht Ihr den Makel dort an jenem Mann?
Er geht in der Verworfenen blutigem Reigen!"

So nennt Ihr Haß, was einzig Liebe ist!
So scheltet Aufruhr Ihr, was nur Empörung!
Und streut in's Ohr der Lebenden mit List,
Wie immer, leere Worte der Bethörung!

3.

Jedoch Ihr fürchtet uns! Euch treibt das Grauen
Zu immer tolleren Wahnwitzsprüngen an!
Ihr könnt dem Freien nicht in's Antlitz schauen,
So werft Ihr ihn in dumpfer Kerker Bann.

Doch wähnet nie, die Freiheit aufzuhalten!
Armselige Thoren, lernet: daß der Fluch
Der Unterdrückten kreist ob Eurem Schalten.
Lernt es aus der Geschichte blutigem Buch!

Lernt es und zittert! — Ehe noch gesunken
Dieses Jahrhundert wieder in die Nacht,
Hat diese Erde Euer Blut getrunken,
Ist sie vom Schlummer bräuend aufgewacht!

Zwischen den Tagen.

Das ist der grause Fluch des Lebens,
  Vor dem des Herzens Schlag erbebt,
Vor dem Vernunft sich zweifelnd wendet,
  Vor dem ersterben muß, was lebt:

Sie, die in Lüge leben — glücklich!
  Die Wahrheitsucher — elend wir!
Und unaufhörlich pocht die Frage:
  Was ist's — das — zwischen dir und mir?

Was ist's? was ist's? — und über Tiefen
  Und Höhen taumeln fort wir, fort,
Bis unser Mund kein Wort mehr findet,
  Bis unsers Hirnes Kraft verdorrt...

An die Chicagoer.

I. Vor dem Morde.
(An die Genossen.)

Ueber die Länder und über die Meere
  Sendet Euch seinen aufschreienden Gruß
Was in der Ketten zermalmender Schwere,
  Was im Elend verkommen muß!

Daß nicht die Armuth ihr Letztes verliere,
  Während die Erde ihr Zerrbild umtanzt,
Habt Ihr — der Wahrheit Pioniere —
  Drüben die Fahne der Freiheit gepflanzt!

Weil Ihr der Menschheit mißhandelte Knechte
  Mehr als das eigene Leben geliebt,
Weil Ihr des Herzens edelste Rechte
  Selbstlos in liebendem Eifer geübt,

Weil Ihr Menschen war't, sollt Ihr sterben!
Aber die Schmach fällt auf Jene zurück!
„Mensch sein" — das heißt heute: verderben,
„Mensch sein" heute: — entsagen dem Glück.

Doch, Genossen, noch seid Ihr gefallen
Unter den Händen der Schlächter nicht
Und unseres Schmerzes aufzürnendes Schallen
Drohend den Elenden Rache verspricht! —

Naht unser Tag nicht? — Hat ihr Verderben,
Noch nicht die Mörder des Rechtes erreicht?! —
Dann, Genossen, dann sei Euch das Sterben
Für Euren herrlichen Glauben leicht!

Wißt: umsonst nicht als Schrankenbrecher
Stießet die Thore der Zukunft Ihr ein!
Wißt: wir Lebenden werden die Rächer
Eures geheiligten Todes sein!

16. October 1887.

II. Nach dem Morde.
(An die Mörder.)

Es ist geschehn! — Und schaudernd wendet sich
Von Euch, den Mördern, eine Menschheit ab!
Nicht jene Menschheit, die in Nacht und Irrsinn
Begraben liegt am Morgen eines Tages,

Der schon die Erde segnend überleuchtet —
Nein, jene, welche durstigen Herzens schon
Die ersten seiner Strahlen in sich trank!

Schaudernd von Euch, den blutbefleckten Mördern!!

Vergebens waren alle jene Rufe,
Die Menschlichkeit — nichts mehr — von Euch verlangten.
Nur Menschlichkeit! Daß nie Gerechtigkeit
Von Euch uns werden würde, wußten wir.
Nur Menschlichkeit! — doch Ihr — verlachtet sie!

Es ist geschehn! — Von Furcht und Qual bedroht,
Von des Gewissens scharfem Biß gefoltert,
Habt Ihr — die feigen Knechte feiger Räuber —
Durch Eure Henker sie erwürgen lassen!

Es ist geschehn! Hört unsern Fluch! den Fluch
Von Millionen, die in dieser Stunde
Sich schaudernd ab von Euch, den Mördern, wandten:
Es breite über jeden Eurer Tage
Der Schatten sich des Sterbens, bis der Tod
— Derselbe Tod, den Ihr zu meistern wagtet —
Euch einzig noch Erlösung scheint vom Leben;
Und dann — verlasse Euch der Tod! Dann — lebt!
Euch rühre jede Nacht in jeder Stunde
Die kalte Hand des Rächers an und reiße
Euch auf vom Lager! — Das sei Euer Leben;

Und Euer Sterben dies: verlassen; freundlos;
Gehaßt von Euren Kindern; und verabscheut
Von allen, die Ihr liebt; verflucht; verachtet
Erhebe sich vor Euren starren Blicken
In letzter Stunde einmal noch das Bild,
Das Eurer Tage nie versöhnter Schatten,
Und Eurer Nächte bräuend Schreckbild war!
Dies unser Fluch! Vernehmt ihn! lebt! Und sterbet! —

Es ist geschehn! — Wohl starben unsere Brüder,
Jedoch sie werden leben in uns allen!
Sie sind die ersten Opfer nicht der Zukunft,
Und werden nicht die letzten sein — uns alle
Berührt der Fittich unserer dunklen Tage.
Wenn einst die Menschheit nach unzähligen Kämpfen
Gelernt, was „Mensch sein" heißt, und „menschlich handeln",
Dann werden sie — wie wir in diesen Tagen —
Mit Abscheu sich von jenen Mördern wenden,
Und es verstehn, warum in unsern Herzen
Die Liebe starb, und Haß erstehen mußte.

13. November 1887.

Vernunft und Wahn.

I.

Ueber die Erde wandeln die Geschlechter
Wie die Zeiten des Jahres: in ewigem Wechsel!
Und unabänderliche Gesetze
Schreibt ihnen allen die Mutter Natur.
Noch immer folgte dem Völker-Frühling,
Herbeigesehnt und herbeigerufen
Aus lichtloser Irrniß unthätiger Zeiten
Ein weichlicher Sommer des schlaffen Genießens,
Bis erntend die Späteren köstliche Früchte,
Gesät einst in dürren, unfruchtbaren Boden,
Mit lächelnder Miene der stolzen Freiheit
Erhobenen Hauptes nach Hause trugen.
Und immer noch folgten auf Zeiten des Lichtes
Lichtlose Zeiten: — statt Wissen der Glaube!
Bis endlich aus Nacht und Oede des Lebens
Holdlächelnd der Frühling der Freiheit wieder
Sich über die durstende Menschheit dehnte,
Herbeigesehnt und herbeigerufen!
Doch niemals, so lange die Menschen wandeln
Hin über die Erde, war ein Gewinn,
Dem nicht der Verlust auf dem Fuße gefolgt.

Noch nie war ein Anfang, der ohne Ende.
Anfang= und endlos ist einzig — die Welt!

Ueber die Erde wandeln die Geschlechter!
Den Spätgebornen lebt kein Erinnern.
Sie sind vergangen, und kehren nicht wieder,
Und wie sie gelebt, und wie sie gestorben,
Wir ahnen es nur, wir wissen es nicht!

Doch wie wir wurden, wir wissen es heute!
Mit Adlerkühnheit hat freie Forschung
Den Schleier vom Haupte der Wahrheit gerissen,
Und Alles, was Wunder und Glaube hieß,
Es ist gesunken in jene Nacht,
In die zu den Göttern vergangener Zeiten
Der Gott nun stürzte, den lange Jahre
Die Menschen den „Allerbarmer" nannten,
Und dahingestäubt ist dies Wort des Entsetzens,
Das der Wahn und der knechtische Sinn einst erdachten.
Vor unseren Augen liegt klar nun die Erde,
Auf der wir geboren, auf welcher wir sterben,
Und heimatlos stirbt der hoffende Glaube,
Und Tausende jammern ihm schwächlich nach.
Sie bergen die Augen und wollen nicht sehen.
Zu grell ist das Licht noch für ihre Blicke,
Die immer in dämmernde Nacht nur geschaut.
Zu schwach ist ihr Fuß, um sicher zu stehen:
Er hat zwischen Irrthum und Hoffnung geschwankt,
Und kann nun nicht wurzeln im Erdreich der Wahrheit.

Doch nimmer wieder wird auf den Sockel,
Von dem das Bild seines Gottes gefallen,
Der enttäuschte Glaube ein neues stellen —
Das ist vorbei! — und das ist errungen! —

Jedoch wir wollen nicht thöricht vertrauen,
Denn immer noch folgte dem Tage die Nacht,
Und stärker als Wahrheit war immer der Wahn!

Ueber die Erde wandeln die Geschlechter
Mit trägen Füßen und dumpfen Herzen!
Sie sinken hinab in die Nacht des Vergessens,
Und keiner ist mehr, der nach ihnen fragt.
Sie traf das Loos, das sie sich verdienten.
Wer aber hob im Laufe der Zeiten
Den menschlichen Geist von der niedersten Stufe
Hinauf zu den Höhen der freien Erkenntniß?
— Das waren nicht Jene, von denen Geschichte
Uns prahlend meldet in blutigen Büchern,
Das war nicht die rohe Gewalt der Arme —
Das war jene fluthende Kraft des Geistes,
Die fessellos frei in den Stirnen der Denker,
Im Herzen der Dichter gelebt und gewaltet!

Sie gingen voran, und die Massen — sie folgten!
Sie folgten nicht dankbar und freudig — nein, blind,
Wie immer sie folgen dem herrschenden Führer,
Mag er sie heute in gräßliche Schlachten
„Für König und Vaterland" frevelnd treiben,
Mag er sie morgen zum Tempel leiten

Zur höheren Ehre des „liebenden Gottes"...
Sie folgen — so werden sie folgen der Wahrheit;
Mitdenken und fühlen, das werden sie nicht!

Ueber die Erde wandeln die Geschlechter!
Einsam wandeln die Streiter der Wahrheit.
Ihr Auge ist kalt und ihr Mund ist herbe.
Ihr Herz ist verblutet im Kampf um die Wahrheit.
Doch ihr Fuß ist nicht müde. Nur schreitet er nicht mehr
Hindurch durch die Schaaren — an ihnen vorüber
Führt jetzt sein Weg. Er kennt nur noch eine,
Noch eine von allen Göttinnen der Erde,
Die strengste und reinste, die mitleidlose:
Vernunft! — Sie leitet ihn klar und sicher,
Und ihr allein gehört noch sein Hoffen,
Und ihr allein gehört noch sein Lieben,
Und ihr allein gehört noch sein Glaube!

II.

Doch das Licht liegt schattend über der Erde.
Die es besitzen, genießen es nicht,
Und die es erkämpfen, besitzen es nicht,
Weil immer weiter zu schwindelnder Höhe
Der Sporn heißfiebernden Suchens sie jagt.

Wo sind die Glücklichen unter den Menschen?
Die Glücklichen sind die unendlichen Schaaren,

Die freudig genießen den wechselnden Tag,
Und die nach Gestern zurück nicht blicken,
Und die auf Morgen nicht hoffend vertrauen,
Die nehmen, was ihnen der Zufall bietet,
Und geben, was Pflicht von ihnen verlangt.
Die thun, was die Andern thun, und die lassen,
Was Andre lassen, die hassend und liebend
Dieselben sich bleiben ein ganzes Leben.
Sie beten zum Gott, der der Gott ihrer Zeit ist,
Und leben in Glück und sterben in Frieden.
Und niemals greift Wahrheit mit stählerner Hand
Nach ihrer Stirn und nach ihrem Herzen.
Der Gewohnheit Kinder sind alle glücklich!

Die Glücklichen unter den Menschen — wer sind sie?
Die Glücklichen sind jene Thoren, die träumen,
Die immer in dämmernder Ferne Erfüllung
Des heißesten Wunsches des Herzens vermuthen.
Die im Herzen die Wonne und im Auge die Thräne
Sich selber für elend und unglücklich halten;
Die in tönende Worte die Lüge kleiden,
Und die es verstehen, sich selber zu täuschen,
So meisterlich, daß sie am Ende glauben,
Sie seien die Besten von allen Menschen,
Und seien die Wahrsten — und sind doch nur Träumer,
Die halb nur gelebt, ob ganz auch sich selbst.
Die Kinder des Wahnes sind immer glücklich!

Wer sind die Glücklichen unter den Menschen?
Die glücklichen Menschen, das sind die Gemeinen,

Denn die Gemeinheit ist immer zufrieden!
Sie steht am flachen Ufer des Lebens.
Sie hat nicht den Muth, sich in's Weite zu wagen,
Und doch nicht die Kraft, am Ufer zu bleiben.
So rührt sie mit schmutzigen Händen am Rande
Das Wasser und freut sich des eigenen Unfugs,
Und wirft mit Steinen nach eilenden Seglern,
Und spritzt mit Koth auf die Schaaren am Ufer,
Sie lebt von dem, was sie neidisch beschmutzt,
Und schaut verachtend vom sicheren Standpunkt,
Vom seichten, hinüber zu alle den Andern.
Auch das sind die Glücklichen unter den Menschen!

Und viele Andre sind glücklich=zufrieden — — —
Wo aber weilen denn Jene, die niemals
Die Täuschung, die Schlauheit, die Rohheit sich dienstbar
Zum Baue des eigenen Lebens gemacht?
Wo ist ihre Heimat? — „Sie haben nicht Heimat!"
Doch wo ist die Stätte, wohin sie sich flüchten,
Wenn müde gehetzt sie nach Ruhe sich sehnen? —
„In der eigenen Brust nur; sonst nirgends — nirgends!"
Und eint sie kein Band? — „Der Gedanke allein!"
Und ist kein Zeichen, an dem sie erkennbar? —
„Das Lächeln des Schmerzes auf schweigender Lippe!"
Sie reichen sich niemals die Hände zum Bunde? —
„Nein, niemals! — für sich kämpft ein Jeder allein!"
Und was ist ihr Lohn? — „Ihr Lohn? — den empfangen
Die Andern für sie —" Doch sage mir Eins noch:
Sie sind nicht glücklich? — „Ach, fragt mich nicht mehr!"

Gerechtigkeit.

Gerechtigkeit — du bist nicht blind! Jedoch
Ein Gott schlang einst um deine Stirn die Binde,
Da er die Erde haßte, weil sie war.
Nun taumelst du mit kindisch=kleinen Schritten
Durch unsre Schaaren, und die Klugen fassen
Dich bei der Hand, und leiten dich zu ihrem
Eigenen Vortheil, und du läßt dich lenken,
Und siehst die Andern nicht, die jammernd dir
Mit aufgehobenen Händen folgen, und
Dich nie erreichen, bis am Wege endlich
Sie liegen bleiben, und nicht weiter können.
Gerechtigkeit — wann kommt der freie Mensch,
Ein Held, voll Löwenmuth, voll Löwenstärke,
Der dir die Binde von den Augen reißt,
Und dich hinführt vor das versammelte Volk,
Daß Alle, denen du vorübergingst,
Mit lautem Jubel bittend dich umfragen,
Und alle Ungerechten heulend flüchten? —
Jedoch, du bist zu dicht umstellt von Jenen,
Die alles frech und ruchlos an sich rissen,
Und keiner kann hindurch durch ihre Mauern.
Sie halten ihrer Lüge Speere vor,
Und jeder, der zu dir gelangen will,

Verblutet an Gewalt! — Gerechtigkeit —
Zu Füßen deines Throns lagern die Fürsten
Und legen deine Hand auf ihren Scheitel —
Du aber glaubst, des Aermsten Haupt zu rühren!
An deinem Throne lagern feile Priester,
Und durch ihr Singen, durch ihr lautes Beten,
Dringt nicht dein Ruf, der Alle kommen heißt,
Dringt nicht das Schrei'n der ungezählten Schaaren,
Die nach dir rufen, immer, immer wieder!
An deinem Throne lagern sich die Krämer,
Und bergen mit dem Leibe ihre Schätze,
Um die sie tausend Andere betrogen!
Gerechtigkeit — zu deinen Füßen stehen
Die Vielen, welche deine klaren Worte
Verbeutelt tragen in das Volk, das hofft
Und deine eigenen Worte nicht versteht!
Gerechtigkeit — du bist ein Kind geworden,
Weil sie dem Weib zu lange schmeichelten!

— Und wir verlernten, ferner dir zu glauben,
Weil wir dich niemals sahn von Angesicht
Zu Angesicht — doch lernten wir, dich hassen!
Zu klar ist unser Blick, um noch zu glauben!
An dich? —
   Vielleicht, weil wir es täglich sehen,
Wie du den Armen strafst, der hungergierig
Ein Stücklein Brod sich nahm von fremdem Tische,
Und wie sein Bruder, der mit schlauer List
Unzähligen das letzte Stücklein stiehlt,

Im Ueberflusse frevelnd weiter praßt?
Ober vielleicht, weil du die letzte Stunde
Dem Glücklichen vergällst — sollen wir glauben,
Daß diese Stunde seine Strafe sei,
Die Strafe für ein Leben voller Glück?!
Wir lachen, denn auch wir sind klug geworden.
Wir glauben auch nicht mehr an deinen Himmel
Und deine Hölle, denn wir wurden klug!
Und warum sollen wir dir ferner glauben?
Vielleicht, weil du den Mörder tötest, der
Den Wüstling schlug, der ihm sein Weib entehrt,
Und weil den Mörder du mit Purpur krönst,
Der hin sein Volk gemordet, sich zu Ehren?!
Weil jener reine Leidenschaft nur kannte,
Und dieser aller Lüge hohle Phrasen?
Und es verstand, aus edelreinem Triebe
Unmenschliche Gelüste sich zu modeln?! —
Gerechtigkeit — du bist es nicht, die straft,
Du bist es nicht, die irrt — ach, ich vergesse,
Daß sie die Augen dir verbunden haben,
Die selbstisch-frechen — — du bist immer groß,
Jedoch du weilst nicht mehr auf unserer Erde
In deiner ersten, heiligen Gestalt!
Wann ward das Heilige jemals nicht unheilig,
Wenn schmutzige Menschenhände es berührten? —

Nie aber standst du über unserer Erde,
Du hattest nie ihr Schicksal in der Hand —

Wir sind es selbst, die dich geschaffen haben,
Und Andre waren es, die dich verzerrten! —

Gerechtigkeit — wann sendest deine Kinder,
Die Zwillingsschwestern: Menschlichkeit und Liebe,
Und ihren Bruder: Freimuth — du hinaus,
Daß unsere Erde endlich glücklich werde? —

Allein d e i n Bruder ist dir immer treu.
Er wandelt noch mit ewiggleichem Schritte
Ueber die Erde, ernst und segenspendend.

Ich sehe nicht den Tag, wo uns der Kühne,
Der Freie, Starke kommt, der dir die Binde
Von deinen Augen reißt. Ich sehe nur
Den Bruder Tod mit seiner harten Hand,
Die Falten glättend, welche du gezogen,
Die Herzen heilend, welche du gebrochen,
Die Sinne einend, welche Du verwirrt! . . .

Am Ausgang des Jahrhunderts.

I.

Bist du in dunkler Nacht, wenn Alle du verlassen,
Geschritten schon durch einer Weltstadt wirre Gassen,
   Die noch vor Stunden hell im Lärm des Tages lagen?
Die Häuser ragen stumm. Um die geschwärzten Dächer
Webt sich ein Dämmerlicht. Doch schwach und immer schwächer,
   Denn schon beginnt im Morgen es zu tagen.

Du schreitest lässig heim. Scharf in die Stille fallen
Hörst du mit müdem Ohr der eigenen Tritte Hallen
   Und klar ihr Echo an den Wänden.
Wie schwül die Sommernacht! — Der Mond wirft seine
                                    Strahlen,
Bevor das Sonnenlicht zerstreut die seltsam=fahlen,
   Weithin mit weißen, schmalen Händen.

Doch sieh' die Häuser dort! wie sie im tiefen Schatten
Sich schweigend, drohend=ernst fest aneinandergatten —
   So steht das Schlechte eng zusammen,
Und birgt sich feig in dunklen, dumpfen Ecken,
Um langsam immer weiter sich zu strecken,
   Wenn rings erlöschen will der Wahrheit Flammen.

Und du eilst an den Häusern schnell vorüber.
— Doch schien es da dir nicht, als sei vorbei ein trüber,
Formloser Schatten dir gezogen?
Du schaust dich um — doch alles still und leer!
— Doch dort! — und wieder! — ist da nicht ein Heer
Von solchen Schatten dir vorbeigeflogen?

Und du erschauderst. — Wesenlose Wesen,
In's Heute ragend, die gestern gewesen,
Dem Lebenden, der weitereilt, ein Fluch!
Ein Recht verlangend, das sie schon verloren,
In ihrer Sterbe=Stunde neu geboren,
Und tot noch selbst sich nicht genug!

Mit beiden Füßen schon im Reich des Todes stehend,
Und doch mit durstigem Blick noch müde rückwärts sehend
In jene Welt, die ihre Heimath war.
Vielleicht im Leben ruchlos=frech geknechtet,
Vielleicht im Jubeltanz, vielleicht geächtet —
Und festgeballt stand ihre Schaar!

So schien es deinen Sinnen, doch es schien
Dir einzig so . . . um deine Stirne fliehn
So Träume nach durchtobter Nacht;
Die, wenn das Tageslicht die wallenden bescheint,
Das, was sie sind, dir werden: spurlos und unbeweint
Die Bilder eines Traums dein kecker Mund verlacht.

Doch was sie wirklich waren, weißt du nicht.
Nicht ahnst du, daß die ‚Sterbenden an Licht'
  Mehr sind als Bilder eines Wahnes,
  Und weniger noch als wesenlose Schatten!
Ein Korn ist Wahrheit — die die Kühnheit hatten,
Die sahen sie, die Geister des Orkanes.

Die sahen sie in solchen stummen Nächten,
Wenn Trug und Wahrheit sich fest ineinanderflechten,
  Die sahen sie, wie du sie sahst.
Und anders doch — dir sind sie eitler Schein,
Doch ihnen wurden sie zu Erz und Stein.
  Geh' weiter — sie sind fort, wenn du dich wieder nahst.

Wir aber sahen sie, wie sie mit sicherem Schreiten
So jede Nacht durchziehn der Weltstadt stumme Weiten,
  Und niedergehn beim ersten Hahnenschrei.
So ziehn sie jede Nacht: die Geister der Zerstörung,
Den Haß im Auge und im Herzen die Empörung,
  Und sehn, wie weit ihr Werk geschritten sei!

— Noch einmal schaust du um. Doch alles still und leer.
Doch an der Ecke dort, siehst du auch dort nichts mehr?
  Wie ein Gewand fühlst du es wallen,
Und wie ein Moderduft weht es um deine Stirn,
Und heißer jagt dein Blut durch dein ermattet Hirn,
  In deinen Ohren tönt ein langgezogenes Hallen...

Da packt ein Schauber dich! und du gehst schneller, schneller —
Und jagst dem Morgen zu, der stetig heiterer, heller
Die Angst von deinem Herzen lacht...
Doch oft noch fährst du auf in andern dunklen Nächten,
Wenn Träume der Verwesung um deine Stirn sich flechten —
Und dann gedenkst du dieser Sommernacht! — —

II.

Wenn meine Lebenswünsche im Schattentanz entflohn;
Wenn unter mir, ein Nachhall, des Lebens Schmerzenston
In jene Ewigkeit des Friedens hingestoben;
Wenn von dem Handgelenk die letzte Fessel fiel;
Wenn — im Verlieren — ich des Tages letztes Spiel
Zusammenwerfe: denn — in ungezähmtem Toben

Bricht das, was mir Natur gegeben, aus!
Dann richte ich mich auf: das enge Haus
Wird mir zum ungeheuren Raum der Welt.
Sie schlafen alle und kein Menschenohr vernimmt,
Wie meiner Schritte Echo dann an der Wand verschwimmt,
Und wie mein Aufschrei wild durch nächtige Stille gellt.

Doch ist es nur e i n Aufschrein: bei diesem einen Schrei,
Da kommen alle schon, die ich mir rief, herbei —
Sie — jene Geister der Zerstörung.
Wie du sie einst gesehn in stummer Sommernacht.
Wie ein Gedanke waren sie dir, nur halbgedacht,
Und waren dir nicht, was sie sind: Empörung!

— Und dann beginnt ein Kampf. Und zwischen mir und
ihnen
Ist er geendet erst, wenn hell der Tag erschienen.
Und ihre Kraft ist stärker; und größer ist mein Muth.
Es ist ein stummes Ringen, kein Richter steht zur Seite.
Sind mit dem Frühlicht sie geflohen in das Weite,
Dann trockne ich die Stirn — und an dem Tuch klebt
Blut.

Und an dem Tuch seh ich des Schweißes blutige Flecken;
Und fühle noch nach mir sich ihre Hände recken;
Und fühle noch des Athems schwülen Brodem;
Und fühle noch, wie sie die Kehle würgend packen;
Wie sie die Nägel tief in das Gehirn mir hacken —
Und schwer und keuchend fließt mein Odem . . .

— — — — — — — — — —

Das ist der Kampf, den allnächtlich, bevor das Dunkel zerrinnt,
Einsam und gramvoll auskämpft des Jahrhunderts verlorenes,
Kind.
Das bist auch du — das ist jener — das bin ich nicht
allein! —·

Zwischen Leben und Leiden fließen die Ströme im Sonnen=
schein,
Und sie schaukeln auf den Wellen, und jauchzend ihr Lachen
erklingt,

Doch plötzlich verstummt ihr Lachen, wie ein Glas am
　　　　　　　　　Munde zerspringt —
Und es sind zu ermattet zum Helfen, die dann am Ufer noch
　　　　　　　　　stehn,
Doch sie müssen es alle sehen, — und sie müssen es sterbend
　　　　　　　　　sehn!

III.

Das ist der Kampf, der hundertmal sich ausgekämpft in
Allen,
Auf die ein Strahl des Wahrheitsdrangs aus Zeiten-Nacht
gefallen,
Und hundertmal wird er gekämpft mit jedem aufleuchtenden
Tage.
Und er ist stets derselbe, ob er dort sich kämpft im Wissen,
Ob ihn allein der Dichter kämpft, in seinen Strom gerissen.
Er schreit wie Grollen und Zürnen hier, dort klingt er wie
Flehen und Klage.

Derselbe stets, ob ihn der Mensch in Thaten kämpft, in
Worten,
Die noch berauschend gestern blühten, morgen schon ver=
dorrten:
Wenn die Tage der Freiheit gekommen, dann sind sie von
Allen vergessen.
Derselbe, ob du durch ihn kämpfst, weil selbst du noch ein
Sklave,
Ob du ihn kämpfst, die Knechte auf zu rütteln aus dem
Schlafe,
Ihr Recht an dem Rechte des Herrn, der sie ruchlos geknechtet,
zu messen.

Ob der Gefangene ihn kämpft stumm hinter Kerkermauern,
Ob ihn der Arme zweifelnd kämpft in brütend-stummem
Trauern —
In Allen, in Allen ist endlich das Bewußtsein der Würde
erwacht.
Ob ihn ein König schaudernd träumt auf seinen Purpur-
kissen;
Ob ihn der Priester bebend ahnt, aus seinem Wahn ge-
rissen —
Sie hören die Stimmen der Rächer schon wie Wettergedröhn
vor der Schlacht.

Und wer nicht weiß, der denkt; und wer nicht denkt, der
fragt;
Und wer nicht fragt, der zweifelt; wer noch nicht zweifelt,
klagt —
Doch ein Bangen, ein Ahnen, ein Sehnen hat Alle, hat Alle
ergriffen.
Ein Ton fiel hörbar niederwärts, er fiel in unsre Mitte.
Nun lauschen wir ihm immerfort bei jedem Schritt und
Tritte —
Es ist ein Laut wie das Stöhnen der Wuth, die noch das
Schwert nicht geschliffen.

So rollt durch alle Adern er, der Kampf: schwer, unab-
lässig.
Sie mögen schüren ihn zum Brand, ersticken ihn gehässig:
„Ich verlange, was nie mir geworden: mein Menschenrecht,
das entehrte!" —

Es ist derselbe blutige Kampf, ob aufschreist du in Schmerzen,
Ob du in bangem Ahnen sinnst, den Makel noch zu merzen.
Doch die rächende Hand hält keiner mehr auf die eisern
bereits bewehrte! —

IV.

Wir standen am Scheidepfahle, wo sich zwei Wege gewendet:
Der eine wies in die Ferne, der andre ist bald geendet;
   Schon blicken Jene zurück und wissen nicht mehr wohin.
Wir schritten vorwärts und sahen durch Nacht schon die
                leuchtenden Weiten,
Und reichten der Zukunft die Hand, hin über den Abgrund
                der Zeiten,
Stahlhart war unser Wille und klar und bewußt unser
                Sinn.

Sie müssen sich Allem entgegen, was wahr und frei sich nennt,
                stemmen,
Sie müssen, Verzweiflung im Herzen, ein Meer versuchen zu
                dämmen,
   Und fühlen es klarer von Tag zu Tag: sie gehen zu Grunde.
Schon sehn sie zurück und messen den Weg, auf welchem
                uns gehen
Mit freudig-pochenden Herzen und blitzenden Augen sie sehen.
   Heil uns: die Zukunft ist unser! — Fluch ihnen: sei ihnen
                die Stunde!

Von Zweifeln zernagt, von Angst gejagt, gefoltert vom eignen
Gewissen
So sind vom erstohlenen Lager sie jäh in die murrenden Lüfte
gerissen,
Und sie kämpfen den Kampf, denn sie wissen: der Kampf
ist der letzte! —
Doch unser der Sieg: hinein in die Masse, die furchtdurch=
klaffte!
Wer ist unser Feind? — Nur eine zerrissene, lusterschlaffte,
Absterbende Kranke, die schon der Hauch der Verwesung
zersetzte! —

So sieht im Spiegel die Zeit ihr angstzerfressenes Gesicht:
Der Vater erkennt sich wieder in dem eigenen Sohne nicht —
Recht nennt er, was jener fluchwürdigen Frevel nennt!
Unheiliges Wünschen die Sehnsucht, der schon die Erfüllung
winkt!
Unersättlich und unrein die Lippe, die am Kelche der Zukunft
trinkt!
Unlauter die heilige Flamme, die unsere Herzen durchbrennt!

Wohl wiegt er in Zweifeln das Haupt, doch hat ihn der
Strom nicht ergriffen,
Ihm hat seiner Wünsche Schneide noch die wirbelnde Zeit
nicht geschliffen,
Er kann uns nimmer verstehen. Und wir verstanden ihn
nie!

Noch wähnt er das Siegel des Knechts auf des Sohnes Stirne
    zu drücken,
Und sieht doch in machtlosem Zorn seines Wahnes Kränze
    zerpflücken
Die Hand, der ein höherer Gedanke, als Rücksicht, die Kraft
    verlieh!

Wir standen am Scheidepfahle. Wir gingen hinein in die
    Weite!
Uns giebt die Hoffnung auf hellere Tage — auf Tage des
    Glücks! — das Geleite!
Und mag über Leichen und Trümmer der Weg zum neuen
    Leben auch gehn:
Wir wollen, daß endlich zu Ende sich kämpft der ewige Kampf
    um das Rechte!
Wir wollen, daß endlich der Tag des Zorns aufleuchte diesem
    Geschlechte!
Und der Sonne der Zukunft — ihr wollen auch wir in die
    herrlichen Augen sehn!

V.

Du warst, Erkenntniß der Natur, es, die den Schleier hob!
Vor der ‚der Traum des Ideals‘, der lügende, zerstob!
   Du hast, was ‚Glaube‘ hieß, vernichtet!
Du hast den Wahn, die Phantasie, die Hoffnung vor die Stufen
Der freien, echten Wissenschaft mit Zauberkraft gerufen
   Und hast die Thörichten gerichtet!

Du zeigtest uns, daß nichts wir sind als Glieder in den Ketten,
Daß keine Hand sich zu uns neigt uns liebend zu erretten,
Daß ‚Mitleid‘ nur ein Wort, ein lebenbares.
Daß wir gezwungen sind auf eigener Kraft zu stehen,
Statt mit umflortem Auge in die ewige Nacht zu sehen —
   Ein Bild des Lebens gabst du uns, ein klares!

Du zeigtest uns, daß Alle wir am Anfang noch der Bahn
Zu neuem Leben stehen; daß wir wenig noch gethan;
   Daß wir es sind, die erst beginnen sollen!
Doch zeigtest du uns auch, daß wir nicht aus den Himmels=
   höhen
Geschleudert auf die Erde sind; daß wir noch Ziele sehen,
   Die wir uns unterwerfen dürfen — wollen!

Und so hast du geboten uns — und auch die Kraft ver-
    liehen —:
Aus jeder Lebensfrage stark den letzten Schluß zu ziehen
    Und keinem ‚Gott' mehr zu vertrauen.
Und während noch um uns die Wuth der Totgetroffenen gellt,
Sehn wir die Wahrheit, groß und ernst, hinschreiten durch
    die Welt,
Die Zukunft langsam aufzubauen!

VI.

Mit Blut befleckt, doch lebensstark, so wurdest du geboren:
Das jüngste Kind der Mutter Zeit zum letzten Kampf erkoren,
Gezeugt in einer Nacht voll Finsterniß und Gluth.
Der Lärm der Revolutionen klang in deine Ohren
Und nie hast das Erinnern du an diesen Klang verloren:
Er zuckt in deinem Hirn und er durchpulst dein Blut.

Zuweilen hat er dich gepackt und aus dem Schlaf geschüttelt,
Und dann hast an den Ketten du in dumpfer Wuth gerüttelt —
Doch tiefer schnitten sie hernach nur in dein Fleisch.
Und stöhnend bist in Nacht und Schmerz du da zurückgesunken.
Dir war, als hätte nie dein Blick das Frühlingslicht getrunken!
Doch heute, wo du stirbst, fühlst du, wie Fluch=Gekreisch —

Ein grauenvoller Nacheklang! — wie Grollen, Bitten, Klagen,
Gleich Meereswogen, welche wild das nächtige Ufer schlagen,
Gewaltig dich umbraust — du sinnst und stehst bewegt:
Das sind die alten Töne, die dein Wiegenlied gewesen,
Und bei den alten Tönen fühlst du wieder dich genesen,
Jahrhundert du, das schon in seinem Schooße trägt

Die Zukunft einer Welt! — sieh, durch des Throns ge=
 borstene Fugen
Sickert die ekle Fäulniß schon! — durch Purpurmäntel lugen
 Schaust du ein Knie, das bebt, ein Herz, das angstvoll
 zuckt.
Und unterdessen halbversteckt die wilde Völkerkatze,
Gekauert liegt sie schon bereit, daß sie die Eisenkatze
Einschlägt — sieh, wie zum Sprung sie murrend schon
 sich duckt!

Und deines Lebens denkst du da! — du denkst an Achtund=
 vierzig.
Das waren Tage — weißt du noch? — so märzenhell und
 würzig —
Und doch auch sie umzog der Nebelbunst der Schmach!
Und du gedenkst der Tage, da du deine Feuerbrände
Im Seinefluß sich spiegeln ließst, gedrückt in Schwielen=
 hände —
Doch in die Nacht versank auch dieser Sonnentag!

Und heute, wo du sterbend schon, da spornst du in's Gefechte
Den vierten Stand, den ärmsten Stand — zum Kampf für
 seine Rechte —
Du fühlst Gerechtigkeit dein starres Herz bezwingen.
Und eh' du in die Zeiten=Nacht wirst stürzen, schwinden, sinken,
Wird einmal noch dein müder Mund am Blute satt sich
 trinken —
Und unser Jubel soll dein Totenbett umklingen!...

VII.

... Will nun mit heiterem Mund das Lied von der Freude
singen.
Lachen soll es, dies Lied, und wie Schellen-Geläut soll es
klingen,
Wie um zum jubelnden Tanz jeden noch Säumigen zu
laben.
Denn ich liebe die Freude! Ich liebe die athmenden Lippen;
Liebe die kleinen Hände, die unter drohenden Klippen
Sich im Wasser der Freude in sorglosem Uebermuth
baden.

Liebe die lachenden Augen, aus denen das Leben glänzt,
Liebe die strahlenden Stirnen, um welche der Leichtsinn sich
kränzt,
Welche das Dämmergrauen des Schmerzes noch niemals
beschienen.
Liebe die Stärke der Schwachheit, die ohne heißes Bemühen
Küßt die Lippen und bricht die Rosen, die ihr — vielleicht un=
verdient — blühen —
Ach, heißt doch Leben uns heute: sich Freude verdienen.

Heilig sei ihnen ihr Recht: sich im Glanze der Stunde zu
    freuen,
Selber sich wieder mit jeglichem Tag in der schuldlosen Lust
    zu erneuen.
    Heilig ihr Recht: zu leben! — zu leben! — in Freude
        zu leben!!
Freude — sie ist ein Geschenk, das aus morgenheiteren
        Hallen
Einstens in sonniger Stunde achtlos hernieder gefallen —
    Keiner kann es erringen; und nur wenigen ist es ge=
        geben!

— — Dies sei das Lied der Freude. Und mein Lied, es ge=
        höre ihnen,
Welche das Dämmergrauen des Schmerzes noch niemals be=
        schienen.
    Es ist ihr Recht. Und ihr Recht — es muß ihnen werden.
Doch nun will auch von jenen, von jenen — doch leiser —
        ich singen,
Welche — Verfluchte des Lichtes! — ringen, und während
        sie ringen
Fast vergessen, daß sie um zu leben geboren auf Erden.

Welche die Lippen der Freude freiwillig und gern niemals
        küssen,
Welche sich jede Lust in Schmerzen erringen erst müssen —
    Wohl: Verlorene nennt ihr sie alle mit seltsamem
        Lächeln...

Ja! Berührt sie ein Kuß, so schaudern sie angstvoll zusammen,
Statt des ruhigen Lichtes begehren sie lobernde Flammen,
Heischen der Sonne Bründe statt der Lüfte erfrischendem
Fächeln.

Heimat — und Liebe — und Leben —: sind ihnen nur
Worte.
Pochen mit bebender Hand an jede verschlossene Pforte.
Wollen die Wahrheit des Lebens, die Wahrheit der Freude
erst wissen.
Und um die Wahrheit zu finden, müssen ihr Leben sie
wandern.
Unglücklich sind sie. Warum? — Weil doppelt unglücklich
die Andern.
Ja, sie lieben die Freude und können die Wollust des
Schmerzes nicht missen!

Lieber am dunkelnden Strand des ewigen Schmerzes liegen!
Lieber die leblosen Brüste des bleiernen Trübsinns um=
schmiegen!
Lieber die brodelnde Fluth der Wasser des Todes schlürfen!
Als mit zitterndem Herzen in Hoffnung auf Glück noch zu
harren,
Ewig zu zweifeln, um glauben zu können, und ewig ver=
spottet als Narren,
Kennen die Freude und sie in Tropfen genießen nur
dürfen!

Reich' mir die Hand, meiner Jugend Genosse: gewaltiger
Schmerz!
Weiter vermag ich dies Lied nicht zu singen. Zu voll ist mein
Herz.
Freude beherrscht erst die Welt, wenn Gerechtigkeit worden
uns allen!
Wann die Tage der Freude, die Tage der Menschheit uns
kommen?
Wenn aus des Herrschenden Hand das Scepter der Willkür
genommen,
Wenn von des Geknechteten Hand die letzte Fessel gefallen!

Einst vielleicht, wenn die Menschheit, die ganze, im Lichte sich
wiegt,
Wenn die echte Freude des Lebens auf allen Stirnen liegt,
Wenn wir nach tötlichem Kampf uns die Rechte der
Freiheit erworben,
Dann wird die Lust des Lebens auch uns allkräftig durch=
bringen,
Dann will das Lied von der Freude zu Ende voll Jubel ich
singen —
Schweige, du thörichter Träumer, dann bist du schon
lange, schon lange gestorben!

VIII.

Dir, Volk, gehört des neunzehnten Jahrhunderts letztes Ende!
Erwache aus dem Schlummer denn, und hebe deine Hände
Und nimm, was immer bein gewesen.
Auch dich durchpulste endlich das Bewußtsein deiner Würde:
Auch du haft in dem Lebensbuch, bevor dich ganz die Bürde
Erstickt, ein menschlich Wort gelesen.

Und dieses eine Wort, du kannst es nie und nie vergessen...
Dein eigenes Leben haft du kühn und stark an ihm gemessen,
Und sahst: dein Leben ist dein eigen.
Und du begannst zu hassen sie, die dir es frech entrissen,
Die meisterhaft verstanden es, ihr eigenes Gewissen
Und deine Fragen totzuschweigen.

Nun, wenn am Abend müde du von der Arbeit gehst,
Nun, wenn am Tage rastlos du an der Arbeit stehst,
Tönt dieses Wort in deinen Ohren.
Es hat von Menschlichkeit, von Leben dir gesprochen,
Und an dein Herz fühlst du voll Ungestüm es pochen,
Und fühlst: noch bist du nicht verloren!

Und fühlst: du, der geduldiger gewesen als der Sklave,
Fährst aus durchquälten Träumen auf nach tausendjährigem
Schlafe,
Und wagst es, endlich selbst zu denken.
Und alles klafft dir plötzlich auf: du siehst all' ihre Lügen,
Mit denen sie umsponnen dich, siehst, wie sie dich betrügen,
Siehst, wie sie dich voll Falschheit lenken!

Da wallt es in dir grollend auf, und dich durchfrißt ein
Zürnen,
Und Purpurgluth des Hasses flammt auf deinen Eisen=Stirnen,
Wie Sonne an der Tage Wende.
Und während sie in Winkeln sich voll Scham und Angst ver=
stecken,
Wirst du nach dem verlorenen Recht die müden Hände strecken,
Und dein ist des Jahrhunderts Ende!

IX.

Kehre wieder über die Berge, Mutter der Freiheit, Revolution!
Heißt nicht Gerechtigkeit deine Schwester? Heißt nicht Recht
dein mißachteter Sohn? —
Kehre wieder über die Höhen!
Lange standst du, das Antlitz gewendet,
Sahst nicht, wie deine Menschen geschändet,
Hast deine eigene Schmach nicht gesehen.

Kehre wieder über die Berge! dein ist die Rache! dein! nur
dein!
Wende dein Antlitz, dein starres, hernieder, welches wie
zuckender Wetterschein
Schon so oft auf die Frevler gefallen!
Reiche uns allen die rettende Hand,
Laß deine Stimme von Land zu Land
Hoffnung kündend und grollend erschallen!

Kehre wieder über die Berge! — Ehe in Licht das Dunkel
vergeht,
Ueber den Häuptern der Schuldigen zermalmend dein ge=
fürchteter Fuß schon steht,
Werden von Antlitz zu Antlitz dich schauen

Wir, die wir alles und alles verloren!
Wir, die Verlorenen — zum Kampfe erkoren —
Rufen dich, Mutter, in heißem Vertrauen!

Härte die Herzen, die schwankend geworden, weil sie zu lange,
zu lang' schon gezaudert!
Kläre den Sinn des Knechts, der noch bangt und noch schaudert,
Zeige ihm, was seines Muthes Gewinn!
Stelle mit lockenden, leuchtenden Farben
Vor sein Auge geerntete Garben,
Vor seinen Wunsch die Erfüllung hin!

Kehre wieder über die Berge, Mutter der Freiheit, gesegnete
du!
Lächle mit einem einzigen Blicke deinen schwankenden Kindern
nur zu,
Und sie werden wie Eisen sein!
Zeige die Freiheit, die er verloren,
Und das Recht, zu dem er geboren,
Jedem Einzelnen — und er ist dein!

Ja, du kommst! Und wir grüßen dich tausend-,
Tausendmal, Mutter! und dröhnend und brausend
Rollt unser Ruf zu des Erdballs Grenzen!
Aus den Kerkern, wo wir geschmachtet,
Ueber die Ruchlosen, die uns verachtet,
Sehn wir die Flammen der Freiheit schon glänzen!

Kehre wieder! — es ruft dich die Menschheit heute am Abend
des qualvollsten Tags!
Da ist kein Herz, das nicht höher schon klopfte heißauf=
lobernden, froheren Schlags.
Heute, wo eine Ahnung es streift.
Heute, wo deinen Schritten wir lauschen,
Das wie der Wipfel prophetisches Rauschen
Deiner Berge uns zwingend ergreift!

Heute in Qual wir, und morgen schon, morgen,
Morgen vielleicht schon in Freiheit geborgen
Unsere Kinder, die über die Leichen
Ihrer im Kampfe gefallenen Väter,
Jeder Einzelne der Menschheit Vertreter,
Schweigend und ernst sich die Hände reichen!

Ja, du vernahmst unserer Sehnsucht Rufen!
Nieder der Zeiten zerfallene Stufen
Steigst du gewaltigen Schrittes schon,
Kehrst du wieder über die Berge,
Bist der Gerechtigkeit rächender Scherge,
Mutter der Freiheit, Revolution!

X.

„Und wie waren jene Tage, da in Nacht die Menschen lagen?
Sage, werden jene heller werden, welche jetzt uns tagen?
Werden Hoffnung sie und Wünsche an den Strand der Zu=
kunft tragen?
Wird der Sieg je unserer Zeit?
Waren jene Tage besser nicht, als unsere Tage sind,
Wo die Liebe ein Gespött nur, und der Vater flucht dem Kind?
Sage, waren jene Tage nicht von dieser Sünde rein?"

Vor dem Knechte der Begierde beugte der Begierde Meister,
Vor dem Sölbling sich der Herrscher — und allmälig dreist
und dreister
Lachten leise erst, dann lauter der Vernichtung Schattengeister.
Diese Saat: uns keimt sie auf.
So war jene Zeit des Friedens — eine Zeit der Knechtschaft
war
Dies Jahrhundert, jeder Würde, jeder freien Würde bar.
Doch sie ist hinabgesunken. Hellerer Tag — er stieg herauf!

„Gerne möchten wir Dir glauben; gerne Zweifelsqual beschwich-
tigen —
Aber sind nicht alle Künste Töchter nur des Tags, des nich-
tigen?
Trifft uns Schuld? — nein, wir sind schuldlos. Aber Euch
und dich bezichtigen
Wir der Sünde gegen Recht!
Was ist Recht, wenn nicht geheiligt durch der Zeiten Athem-
hauch?
Was uns unsere Väter lehrten, was ehrwürdig = heiliger
Brauch,
Das ist Recht! — Recht, das zu stürzen von dem Thron
Ihr Euch erfrecht!"

„Recht" ist Euch, auf Brudernacken den geschirmten Fuß zu
setzen!
„Recht" ist Euch, am Blut der Schwachen Euren gierigen
Mund zu letzen!
„Recht" ist Euch, für Eure Lüste unser karges Glück zu
schätzen —
Diesem „Rechte" dreimal Fluch!
Dieses „Recht", in dessen Namen unser Streben Ihr be-
kämpft,
Dieses „Recht", in dessen Schirm Ihr Eures Herzens Klopfen
dämpft,
Heil der Hand, die in dies „Recht" die Fackel ihres Zornes
trug!

„Das sind Worte! — Sind wir schuldig, wenn die Laster sie
zerfressen?
Laß sie ihre Pflicht erfüllen! Wer nicht schafft, soll auch nicht
essen!
Und du wagst es, unser Leben ab an ihrem Wunsch zu messen?
Wir sind Träger der Kultur!
Doch was ist dein Volk, das rohe, das sich nie dem Schmutz
enthebt,
Das dem Tag und seiner Lust nur stumpf und thierisch weiter
lebt?
Komm zu uns! Bei uns erreichst du deines Strebens Ziele
nur!"
Lügner! — Nie hat je so schamlos, nie ein Mund so frech
gelogen!
Jenes Volk, das dich ernährt, das dich aus deiner Schmach
gezogen,
Jenes Volk, das du um alles: Leben, Glück und Licht betrogen,
Wagst du zu begeifern, Wicht!?
Nieder in den Staub! und beuge, beuge dankbar dich vor
jenen,
Deren Hunger, deren Jammer, deren Schande, deren Thränen
Dir es gaben, daß du wandeln darfst in des Jahrhunderts
Licht!

Schweige! Nicht ein Wort mehr! — furchtbar-fordernd wird
es bald erstehen,
Dieses Volk, das du „verachtest", und in deine Augen sehen,
Und du wirsterblinden, zittern, flehen, sterben und vergehen —
Du, der sie mit Füßen trat!

Dann gedenke dieser Worte: heut' noch blähst du dich in Schuld,
Aber morgen wird sie reißen — die erhabene Geduld
Dieses Volks, dem endlich, endlich auch der Tag des Glückes naht!

XI.

Von den Tagen des großen Sterbens singt jetzt mein Lied...
Ueber uns werden sie kommen, wie der Sturm, der die Höhe
umzieht;
Wie ein Fluch, der sich endlich erfüllt; wie ein Blitz, der
sich tötlich entladen.
Das werden die Tage des Grauens, die Tage der Rache sein,
Und sie, die nie Mitleid gekannt, um Mitleid werden sie
schrein —
Doch die Antwort wird ihnen: „Wo ist Euer Gott nun,
um Euch zu begnaden?

Der Gott, in deff' Namen an unserem Glück Ihr Euch satt=
gezehrt?
In deff' Namen Ihr uns getreten, und unsere Schwestern
entehrt?
Ihr habt es zerrissen und nimmer knüpft wieder zwischen
uns und Euch sich das Band!
Was war Eure Macht? — Nicht Liebe, nicht Recht! — Eure
Macht: Euer Gold,
Nun ist in den Schmutz der Gassen das gleißende hingerollt.
Und es wäscht Euer Blut der Erniedrigten Schweiß vom
entwertheten Tand." —

Die Tage des Zorns! Wer in Freude gelebt, in Jammer
wird er verderben,
Doch wessen Leben ein Sterben nur war, in Hoffnung und
Luft wird er sterben,
Denn über die Gipfel der Nacht klimmt schon der Morgen
des Lichts!
Aufklaffen wird unsre Erde bei dem furchtbar=gewaltigen Kampf.
Und der Himmel wird sich umdüstern von des Blutes auf=
wallendem Dampf —
Denn es sind die Tage gekommen: die Tage des Erd=
gerichts!

Wo heute noch Städte gestanden, wird morgen Einöde sein,
Wo nie ein Menschenruf schallte, wird gellendes Klagen schrein —
Ein unendliches Grauen der Angst wird alle, die schuldig,
ergreifen.
Sie werden die Ihren verlassen und über die Berge fliehn,
Doch das Schreckensgespenst der Reue wird ihre Pfade umziehn,
Und schluchzend werden die Erde mit krallenden Fingern
sie greifen.

Hier hat ein Sohn seinen Vater im Taumel des Wahnsinns
erschlagen ...
Dort eine Mutter ihr Kind, das sie unter'm Herzen getragen,
Damit es nicht schaue die Tage, die schrecklicher sind, wie
der Tod ...

Dort blendet ein Armer sein Auge an des rinnenden Goldes
Glanz . . .
Dort schlingen sich Weiber der Lust in bacchantischem Jubel=
tanz,
Indessen die wankende Helle den blinden Verderben droht . . .

In die Laute der Lust gellen Klagen der Angst — doch sie
singen ein Lied,
Das, wie Waldwehn, ob rauchenden Trümmern die jagenden
Herzen umflieht —
Und das Lied — es schmeichelt den Armen, daß die Frei=
heit gekommen nun sei . . .
Und sie richten die Blicke zur Erde, eine Thräne des Glücks
rinnt nieder —
Doch da bringt in ihr Ohr ein Kreischen und Knirschen der
Todesangst wieder,
Und alle brechen sie aus in ein gellendes Jubelgeschrei:

Sie sehen zwei Feinde, die ringen; in die Kehle des einen
gewürgt,
Hat sich der andere, dem endlich die blutige Rache verbürgt,
Und zum Haufen schleppt er die Leiche des elenden Feindes,
der einst
Das Blut dem darbenden Knecht aus den kranken Gliedern
gesogen,
Der ihn um das Glück seines Lebens bis heute frevelnd
betrogen,
Und er richtet sich auf: „Wer lacht nicht? Du stirbst,
wenn Du weinst!"

Und Keiner weint! — Und sie tanzen alle und singen laut,
Indessen der Haufe der Toten sich höher und höher staut,
Und sie singen das alte Lied, das Lied: die Marseillaise!
Doch jählings verstummt ihr Singen — sie fühlen des
            Grauens Wehn,
Und sie müssen einem Gedanken in's furchtbare Auge sehn,
Und sie fürchten sich plötzlich, daß diese bluttrunkene Erde
            verwese!

Es ist ein Geruch in den Lüften, wie aus Todtenwelten herauf,
Sie kennen die Stunde nicht mehr, den Sternen- und Sonnen-
            lauf —
Sie sehen nur ringsum gehäuft mit stieren Blicken die
            Leichen.
Und sie stehen und warten auf etwas, das dennoch nicht
            kommen will,
Und langsam kriecht über die Erde ein Schweigen, furchtbar
            und still,
Und sie fühlen sich langsam hinab in die Tiefe des Todes
            gleiten —

Und die Erde liegt schweigend und leer, bis — — — — —
— — — — — — — — — — —
— — — — — — — — —
— — — — — — — —
— — — — — — — — —
— — — — — — — —

XII.

Bis jede Hand verdorrte, die Andrer Arbeit stahl;
Bis jede Lust verstummte, gezeugt aus Andrer Qual;
　Bis jedes Schwert verrostet; bis jeder Schild zersprang!
Bis jede Stadt gefallen, wo Schmach und Weh gewohnt;
Bis sich entleert die Hallen, wo Schmach und Lust gethront;
　Bis in der Mittaghöhe dasteht der neue Tag!

Bis aus des Menschen Seele die Zeit zwei Worte riß:
‚Beherrschen‘ heißt das eine — ‚dienen‘ das andre; bis
　Wir alle nebeneinander über die Erde gehn!
Bis alle Schranken fielen; bis jedes Leben versüßt;
Bis Glück zum ersten Male jede Menschenstirn geküßt —
　So lange wird die Erde im Zeichen des Sterbens stehn!

XIII.

Bist du in dunkler Nacht, wenn Alle du verlassen,
Geschritten schon im Geist durch des Jahrhunderts Gassen?
Sahst du im Geist, was war? Sahst du, was kommen
wird?
Noch fallen Geißelhiebe auf ihren wunden Rücken,
Noch müssen scheu sie beben, noch schweigen, noch sich bücken —
Und doch: der Tag, schon naht er, der Freiheit uns gebiert!

Wie von des Blinden Auge Thräne auf Thräne fällt,
So fallen unsere Tage vom Lid der Zeit: wer hält
Die Tropfen, welche fallen, Tropfen auf glühend Eisen?
Sie zischen auf, erlöschen, und immer heißer glüht
Die unterwühlte Erde. Tag, wo, an dem erblüht
Gerechtigkeit, um uns den Weg zum Glück zu weisen?

Geh' hin und sieh' die Zeit! Sieh', wie sie jubelnd tanzen
Auf ihrer Brüder Leichen! — Sieh', wie sie sich verschanzen!
Wie Heere aufstehn, um die Frevler zu vertheidigen!
Sieh', wie sie sich am Schmerz des Volkes frech ergötzeln!
Wie sie, wenn auf es schreit, es ruchlos niedermetzeln!
Sieh', wie sie alle sich zum Bund schweigend vereidigen!

Das ist unser Jahrhundert! — Die Zeit, wo zwischen Nacht
Und Morgendämmern leise der Ruf des Tags erwacht:
Der Eine flucht ihm und der Andere bewundert's.
Wie langsam Tag auf Tag von seinen Tagen flieht!
Und eine Menschheit wartet und hofft — wer weiß, der sieht
Den Tod totdräuend stehn am Ausgang des Jahrhunderts!

Ende.

Inhalt.

	Seite
Vorwort	5
Arma parata fero!	7

Weltanschauung.

Die Dichtung der Zukunft 1—3	13
Poesie	16
Kampfweise	17
Vorkämpfer	18
Grenzen?	19
Schrankenlosigkeit	20
Heimat	21
Vaterland	22
Weltbürgerthum	23
Staat	24
Partei	25
Herren und Knechte	26
Gesetze	27
Atheismus	28
Freie Liebe	29
Moralisten	30
Gegenwart und Zukunft	31
Hinter dem Tode	33
Freiheit 1—3	34

Zwischen den Tagen.

Seite

An die Chicagoer:
   I. Vor dem Morde .   39
   II. Nach dem Morde . . .   40
Vernunft und Wahn. I. II.   43
Gerechtigkeit   49

   Am Ausgang des Jahrhunderts. I.-XIII.   53

Im Verlags-Magazin (J. Schabelitz) in Zürich ist erschienen und durch alle Buchhandlungen zu beziehen:

Die Frau in der Vergangenheit, Gegenwart und Zukunft. Von August Bebel. 4 Mk. = 5 Fr.

Der Ursprung der Familie, des Privateigenthums und des Staates. Von Fr. Engels. — 2 Mk. = 2 Fr. 50 Cts.

Herrn Eugen Dühring's Umwälzung der Wissenschaft. Von Friedrich Engels. Zweite Auflage. — 4 Mk. = 5 Fr.

Die neuen Menschen. Ein Schauspiel in 3 Akten. Von Hermann Bahr. — 1 Mk. 20 Pf. = 1 Fr. 50 Cts.

Der Kampf gegen die bestehende Ordnung. Von Otto Spielberg. — 1 Mk. 20 Pf. = 1 Fr. 50 Cts.

Das Menschen-Ideal und seine Erfüllung. Von Otto Spielberg. — 2 Mk. 40 Pf. = 3 Fr.

Aus dem Reiche des Tantalus. Alfresco-Skizzen von W. L. Rosenberg. — 1 Mk. 60 Pf. = 2 Fr.

Zwei Geschichten aus dem vollen Leben. Von ***. I. Das Act-Modell. II. Morgenroth. — 2 Mk. = 2 Fr. 50 Cts.

Schlimme Geschichten. Drei Novellen. Von Gustav Adolf. — 1 Mk. 60 Pf. = 2 Fr.

In der besten der Welten. Naturalistisch-soziales Lebensbild aus unsern Tagen. Von Walther Friedheim. — 80 Pf. = 1 Fr.

Mitregenten und fremde Hände in Deutschland. — 60 Pf. = 75 Cts.

Deutschlands Zukunft. Träumereien eines sonderbaren Schwärmers. Von Siegebert Salzig. — 60 Pf. = 75 Cts.

Der Gottesbegriff in der Gegenwart und Zukunft. Ein Versuch zur Verständigung. Von Maurice Reinhold von Stern. — 1 Mk. 60 Pf. = 2 Fr.

Die Bibel der Gottlosen. Zwanglose Bekenntnisse eines konfessionslosen, königstreuen Sozialisten von Max Alihausen. — 2 Mk. 80 Pf. = 3 Fr. 50 Cts.

Im Verlags=Magazin in Zürich ist erschienen und durch alle Buchhandlungen zu beziehen:

Strophen von Karl Henckell. — 1 Mk. 60 Pf. = 2 Fr.

Mein Herzenstestament. Liedercyklus von Paul Fritsche. — 1 Mk. = 1 Fr. 25 Cts.

Das Buch der Zeit. Lieder eines Modernen. Von Arno Holz. 5 Mk. = 6 Fr.

Neue Epigramme. Von Karl Knortz. — 1 Mk. = 1 Fr. 25 Cts.

Helene. — 2 Mk. = 2 Fr. 50 Cts.

Herwegh, Georg, Neue Gedichte. Herausgegeben nach seinem Tode. — 4 Mk. = 5 Fr.

Arma parata fero! Ein soziales Gedicht von John Henry Mackay. — 40 Pf. = 50 Cts.

Mene Tekel! Harmlose Reimereien eines Modernen. Von Otto Ehrlich. — 1 Mk. 20 Pf. = 1 Fr. 50 Cts.

Studenten-Tagebuch 1885—86. Von Otto Erich. — 1 Mk. = 1 Fr.

Tutti frutti. Gedichte von Bruno Tellheim. — 1 Mk. 20 Pf. = 1 Fr. 50 Cts.

Die Einsichtslosigkeit des Herrn Schäffle. Drei Briefe an einen Volksmann als Antwort auf „Die Aussichtslosigkeit der Sozialdemokratie". Von Hermann Bahr. — 1 Mk. 20 Pf. = 1 Fr. 50 Cts.

Privatökonomie und Sozialökonomie. — 1 Mk. = Fr. 1.25.

Gegen unsere Kolonialpolitik. Ein ruhiges Wort in bewegter Zeit. Von Jens L. Christensen. — 70 Pf. = 80 Cts.

Wiede, Dr. F., Der Militarismus. Social=philosophische Studien. — 2 Mk. = 2 Fr. 50 Cts.

Der Deserteur. Dramatisches Zeitgemälde. Ein Beitrag zur Charakteristik der stehenden Heere. Den Freunden des Friedens und der Freiheit gewidmet von einem ehemaligen Soldaten. — 60 Pf. = 75 Cts.